DESAPEGO

La clave de una vida plena

Vivi Papa

SOUL Editorial

Papa, Vivi

Desapego: la clave de una vida plena - 1a ed - Ciudad Autónoma de Buenos Aires: Soul, 2024.

98 p. ; 21 x 14 cm.

ISBN 978-987-48038-9-4

1. Crecimiento Personal. I. Título.

CDD 158.1

Dirección Editorial
Yanina Orrego

Av. Rivadavia 6743 (Loc. 71)
(+54-11) 4-632-6136
info@grupolibero.com
Capital Federal – Argentina
grupolibero.com

Queda hecho el depósito legal establecido por la ley 11.723.
Impreso en Argentina

Agradecimientos

Creo que es la parte más difícil de este libro ya que no quiero pasar por alto a nadie.

A mi familia (Agos, Juanfran, Emi y mi hijo perruno Jordan) por su apoyo constante y por brindarme el espacio y el tiempo necesarios para poder dedicarme a este proyecto tan soñado.

A mis viejos, sin ellos este libro que tienen en la mano no hubiera sido posible, los amo tanto, quisiera que fueran eternos.

A mi tía Susi, quien ojalá sea inspiración y ejemplo para muchos (en el capítulo 5 se van a enterar porqué se los digo).

¡A Freddy Rodríguez, quien desde Colombia, no dudó un segundo en escribir su capítulo y es un imperdible de este libro!

¡Y con todo mi corazón a Alexandra Muraco, amiga y mentora que me empujó a que este proyecto hoy sea real!

Gracias a todos.

Índice

Prólogo

Conocí a Vivi en plena pandemia, allá por el 2020. En un momento en que el mundo se encontraba envuelto en incertidumbre y caos, nuestras vidas se cruzaron de una manera inesperada pero profundamente significativa. Lo que comenzó con simples comentarios en redes sociales pronto se transformó en una relación profesional y personal que ha marcado nuestras vidas.

Vivi me eligió como su mentora en un momento crucial para su emprendimiento. Desde entonces, he tenido el privilegio de acompañarla en su recorrido, viendo cómo su marca crecía día a día, paso a paso. He sido testigo de su increíble evolución, de su dedicación incansable y de su capacidad para convertir cada desafío en una oportunidad de aprendizaje y crecimiento.

Vivi es una mujer activa, auténtica y con una determinación inigualable. Su pasión por lo que hace se refleja en cada proyecto que emprende y, sobre todo, en este libro. *Desapego: La clave de una vida plena* no es solo un título, es un manifiesto de su filosofía de vida y de su enfoque hacia la organización y el bienestar.

En estas páginas, Vivi nos invita a reflexionar sobre nuestra relación con las cosas materiales y cómo estas pueden afectar nuestra felicidad y bienestar. Con un estilo cálido y cercano, nos muestra que las cosas son solo eso: cosas. Objetos que pueden darnos satisfacción momentánea, pero que, al final del día, no definen nuestra felicidad ni nuestra identidad.

Este libro es una guía para aprender a soltar, a desapegarnos de lo que no necesitamos, y a encontrar una plenitud auténtica en lo que realmente importa. Vivi nos lleva de la mano a través de su propio viaje de desapego, compartiendo sus experiencias, sus aprendizajes y sus herramientas prácticas para aplicar en nuestra vida diaria.

Como su mentora y amiga, me siento profundamente orgullosa de todo lo que ha logrado. No solo ha construido una marca con identidad, sino que también ha creado una comunidad y una filosofía de vida que inspira a otros a vivir de manera más consciente y plena.

Estoy segura de que, al igual que a mí, este libro te inspirará a vivir una vida más plena y libre de apegos innecesarios.

Disfrutá de cada página y permití que sus palabras te guíen hacia una vida más auténtica y feliz.

Alexandra Muraco

Introducción

Daba por hecho que las cosas son solo eso: **COSAS**. ¡Pero no sabía la repercusión que causaría en las personas al decirlo!

¡Vivimos en una sociedad donde decimos que amamos los objetos tanto como a las personas! ¡Y mi objetivo con este libro es hacer entender que no es así!

Para convertirnos en expertos del orden tenemos que aprender a soltar todo lo que ya no usamos, a no acumular objetos, ¡a dejar atrás el pasado para vivir el presente! A dejar el "lo guardo por las dudas".

Pero ¿cómo hacerlo? es la pregunta del millón.

Mis consejos son muchos y a lo largo de estas páginas espero poder transmitir lo que quiero decirles.

Allá vamos. ¡A desapegarnos de lo que no nos es útil! ¿Me acompañan?

Primero, antes que nada

Voy a empezar compartiendo una adaptación actualizada en las estadísticas de un estudio que se realizó en la Universidad de Valencia en el año 2004, y agrego que no puedo creer que siendo el año 2024 todavía se repita en todos los armarios y a grandes escalas en comparación.

Nuestros armarios son un reflejo de **nuestra vida** y **nuestra personalidad**, donde encontramos orden y desorden. Están habitados por un poco del presente y mucho del pasado. Muchas veces esconden no solo nuestros gustos y preferencias, sino también ansiedades, trastornos obsesivos compulsivos y otros tipos de problemas psicológicos. ¡¡¡NUESTROS DEMONIOS!!!!

Pensemos, por ejemplo, en esas personas que necesitan comprar para satisfacer determinadas necesidades… Comportamientos obsesivos que los llevan a almacenar sin orden ni control. Este reflejo estuvo presente y, a pesar de las crisis, en más del 30% de la población mundial en el año 2004 y hoy en día en la actualidad (año 2024, repito) en un 55% de la población.

¡¡¡Es un montón!!!

El resto (los que no entramos en ese 55%) convivimos con un armario más o menos ordenado o regido por un desorden que solo nosotros entendemos y que nos es útil. Pero seguro que pocos de nosotros llegamos a usar el 100% de lo que hay en nuestras estanterías.

Según varias investigaciones solo hacemos uso del 40% de todo lo que tenemos, siendo generosa, eh. Pero…

¿Cómo enfrentarnos a los **demonios** de nuestro armario?

Ya hace unos años existe un movimiento social que predica la necesidad del minimalismo, es decir, el utilizar únicamente aquello que de verdad necesitamos, y desprendernos de todo lo que es superfluo y YA NO ÚTIL en nuestro día a día.

Pero ¿cuántos de nosotros seríamos capaces de hacerlo?, para conseguirlo, para desprendernos de todo lo que ya **NO USAMOS** los terapeutas nos aconsejan hacer frente a **"los demonios del armario"**.

Y ahí es donde comienzo a taladrar el cerebro de ustedes, con mis pensamientos y mi vida organizada, liviana y feliz…

Porque si dejan que sus posesiones los posean, ¡han tocado fondo!

Capítulo 1

Un poco de mí

Nací un 7 de marzo de 1976, soy Piscis, y se dice por ahí que es el signo más desordenado del zodíaco, pues entonces, llegué a este mundo fallada evidentemente, porque mi pasión por ver cada cosa en su lugar comienza desde pequeña, pues me daba cuenta cuando me corrían algún objeto dos cm fuera de su lugar, ojo biónico.

Siempre me gustó bailar, llevar a mi cuerpo y mi mente a un nivel donde me sentía volar, libre. Años después esa sensación me la trajo el desapego de lo material.

Te decía entonces que mi amor por el orden nace desde pequeña, me levantaba y luego de lavarme la cara y cepillarme los dientes ya tendía mi cama (hábito que mantengo hasta el día de hoy, ¡no salgo a trabajar hasta tener todas las camas hechas!). Sentía y siento que el día comienza de otra manera.

Digamos que ya lo palpitaba en mi interior, sin saber que años después existiría la organización de espacios como profesión, tan requerida hoy en día.

Más de mí:

Soy mamá de Agos, Juanfran y nuestro bulldog francés Jordan. Y no menos importante, casada hace veinte años con Emi.

Soy romántica, pero no me gusta que me regalen flores, me encanta que me inviten a una buena cena, que me regalen un buen vino, disfrutar de viajes, la pileta y mi casa. Pero lo que más llena mi alma, es que me demuestren amor, que me acaricien, me besen, me encantan los besos, esos que estremecen el alma y ni hablar de esos detalles como ir en el auto y que te toquen la pierna, tomando mate me agarren la mano, ahhh. ¡Romántica por mil!

Soy de las que cree fehacientemente que si hay amor verdadero, es imposible que no tengas ganas de abrazar, cuidar y compartir tiempo con la persona que elegiste para pasar el resto de tus días.

Siguiendo con mi historia, empecé a recorrer el décimo año como organizadora profesional de espacios y el cuarto capacitando gente que quiera transitar este camino de ida como es la organización.

A través de sesiones de coaching y capacitaciones para convertirse en expertas del orden, me pongo insistente con el tema más importante de todos los tiempos: **El desapego de lo material.**

Capítulo 2

La organización de espacios

La organización profesional de espacios nació en Estados Unidos en los años 80 con la liberación de la mujer. ¡Es que trabajaban para comprarse ropa y zapatos! (Bueno, igual que ahora).

Se adueñaron de las tarjetas de crédito y eso les daba el poder de hacer y comprar lo que quisieran al punto de volverse acumuladoras compulsivas. Entonces, comenzaron a necesitar ayuda, y ese es el inicio de la profesión de los organizadores de espacios.

Obviamente te voy a contar un poquito qué hacemos los organizadores profesionales de espacios para adentrarnos en el título de este libro.

Los organizadores profesionales de espacios somos aquellos que, con habilidades naturales o aprendidas, ayudamos a otras personas a recuperar el orden y armonía en sus vidas a través de sistemas y estrategias de organización.

Pero para poder organizarnos necesitamos desapegarnos de todo aquello que ya no necesitamos.

Sin ser demasiado extremistas, sin necesidad de volvernos ultraminimalistas, pero pudiendo estar más livianos para poder sentir esa sensación de libertad que tanto necesitamos hoy en día.

Organizar los espacios es una tarea importante que permite aprovechar al máximo el lugar disponible, crear un ambiente más agradable y ordenado, y mejorar la eficiencia y productividad en el hogar o en el trabajo.

Algunos términos que vas a leer en este libro:

Minimalismo: (te hago una breve introducción y más adelante lo veremos en detalle).

Se refiere a todo aquello que es reducido a lo esencial, despojando elementos que no son de gran utilidad. Esto no significa que se deba vivir sin nada, tampoco tener muchas cosas, sino lograr un equilibrio en nuestras vidas y concentrarnos en lo más importante.

Es que vivimos en una sociedad donde se aman los objetos, se imaginan mi cara y exclamación cuando me refiero a esto, ¿no?, realmente me produce temor saber que alguien **AMA** una remera.

¿A qué me refiero con esto?, que somos una sociedad tan consumista que perdimos el sentido común, ya que al descartar un par de zapatos le decimos "gracias por haberme hecho feliz y por tu compañía".

Nos volvimos tan amigos de lo material que para nosotros vale más tener un auto carísimo que el rato que pasamos en familia.

Y hoy no es solo el caso de las mujeres, también los hombres se volvieron acumuladores de moda. ¡Teniendo a veces una prenda repetida! Sí, como leen, es tanto lo que poseen que se olvidan lo que tienen ya que no está todo a la vista como debería, y se compran la misma prenda más de una vez. Y no lo invento, me he encontrado muchos casos así cuando organizaba casas.

Por lo tanto, el **desapego** es **fundamental** (palabra muy utilizada por mí) en las cuestiones de orden y organización, ya que es uno de los pilares para lograr alcanzar un punto de paz y tranquilidad en el entorno que nos rodea y nuestra vida en general. No podemos hacer espacio en un lugar lleno de cosas que no se usan. ¡Los organizadores de espacios no somos magos!

Existe una serie de claves para poder poner el desapego en práctica. Ojo, siempre hablando de lo acumulado o lo guardado y que **no se usa:**

1. Aceptar que ya no **lo vamos a usar**, que no debe estar ahí **por las dudas**, que nuestro estilo de vida cambió, que nosotros cambiamos. Por ejemplo, aquellas mujeres que siguen guardando su vestido de novia, ¿cuál es el fin de tenerlo en una caja? ¿O guardar la vajilla porque era de la abuela? ¿O heredar un sweater que sabemos que jamás vamos a usar?

Subimos de peso y ese jean que tanto nos gustaba no nos entra, ¿somos conscientes de que si alguna vez volvemos a nuestro peso para entonces ya no nos va a gustar como nos queda?

2. La responsabilidad es un principio **fundamental** (se los advertí, ahí estoy usando la palabra nuevamente) del desapego.

Nosotros somos responsables de nuestra existencia, lo que no hagamos por nuestra persona nadie más lo hará.

3. Aprender a dar y no a recibir. Dar es un gran ejercicio para practicar el desapego, pocas cosas hay tan satisfactorias como compartir lo que uno tiene; cuando encuentras la felicidad en dar con amor y generosidad, perderás el miedo a que eso que das tal vez no regrese.

Con esta actitud estás generando, además, un flujo de energía positiva trayendo a tu vida todo lo bueno que has dado. Y siendo dura, ¿se pusieron a pensar que el **apego** está ligado al **egoísmo**?, ya hablaremos de eso más adelante.

4. Vivir el presente. Tendemos a cargar durante años aquellas cosas que en el pasado nos hicieron sentir mal, generando un trauma o bien tendemos a aferrarnos a aquello que nos hizo sentir muy bien y que ya no tenemos, generando frustraciones. Estos apegos llegan a ser tan fuertes que únicamente provocan que nos olvidemos de lo más importante: vivir el presente.

Vivir de recuerdos nos puede hacer perder la perspectiva y el foco en lo que realmente importa.

Recordemos que el presente es lo único que de verdad podemos modificar, el presente es nuestra oportunidad de encaminar las cosas hacia el futuro que soñamos.

5. Asumir las pérdidas. Como dice el dicho "nada es para siempre" y eso es con lo que tenemos que lidiar todos los días, pues amigos, **todo en la vida es temporal.**

Y atención con esto: **las cosas buenas** van y vienen, no debemos darlas por hecho y es mejor que las disfrutemos al máximo cuando se presenten. Y a **las**

cosas malas no debemos dejarlas que se apoderen de nosotros.

Asumir las pérdidas nos librará del miedo y nos empujará a una vida llena de sorpresas. ¡¡¡¡Menos es más!!!!

«El desapego es el máximo placer».

Saraha

Capítulo 3

Archienemigo: El apego a lo material

¿Qué es el apego a lo material?

Es el trastorno de acumulación compulsiva. Es una dificultad persistente para desechar o separarse de las pertenencias ya que se tiene la percepción de que hay que guardarlas. Una persona con trastorno de acumulación compulsiva se angustia ante la idea de desprenderse de los objetos.

Y ¿por qué las personas acumulan cosas?

Las causas psicológicas de la acumulación no están del todo claras, aunque los posibles factores podrían ser la genética, el funcionamiento del cerebro o acontecimientos vitales estresantes.

El acumular es un tipo de trastorno obsesivo compulsivo (TOC).

Y a gran escala puede desencadenar en el **síndrome de Diógenes** que es un trastorno del comportamiento que se caracteriza por el total abandono personal y social, así como por el aislamiento voluntario en el propio hogar y la acumulación en él de grandes cantidades de basura y desperdicios domésticos.

Perdón por tanta teoría, pero es necesaria para que comprendan a qué me refiero porque cuando releo el texto más arriba, me digo ¡qué locura llegar a ese extremo!

La acumulación de objetos y ropa es el peor enemigo si queremos organizar nuestra vida, vivir sin estrés, más livianos y con menos ansiedad.

No nos damos cuenta de que el apego a lo material nos **mata lentamente**. Fuerte, ¿no? A veces un poco de realidad nos golpea duro, pero es el mejor aliado para ayudarnos a avanzar.

Como mencionaba en páginas anteriores, el apego material nos hace **egoístas**. ¿Por qué? Se preguntarán... Nunca nos pusimos a pensar que, por el hecho de estar tristes con la pérdida de un ser querido, solemos guardar sus pertenencias. Y no somos conscientes de que este acto puede convertirse en una trampa emocional.

¿Qué quiero decir con esto? Al aferrarnos a los objetos, intentamos mantener viva la presencia de la persona que se fue, pero en realidad, solo alargamos nuestro propio sufrimiento. Además, esas pertenencias guardadas podrían hacerles un bien a otras personas que realmente las necesitan. Al no dejar ir estos ítems heredados, tampoco permitimos que nuestros seres queridos descansen en paz.

Esta retención de bienes no solo impide avanzar y sanar, sino que también limita el espacio físico y emocional que necesitamos para nuevas experiencias y relaciones. De esta manera, el apego a lo material nos atrapa en un ciclo de dolor y **egoísmo**, impidiéndonos vivir plenamente en el presente.

«Un sentimiento de apego hacia algo es tu pista de que hay trabajo por hacer». Ram Dass.

Y **mucho trabajo** diría yo.

En principio lograr entender que una **COSA** no te hace feliz, no te abraza, no dice te amo, te necesito, salgamos a cenar, tomemos un buen vino en el sillón mirando una serie.

No somos conscientes del tiempo que perdemos aferrándonos a objetos, las trabas que nos imponemos, los caminos que cerramos.

Cuando te digo que no podemos preguntarle a una cartera si nos hace felices es real, puede que levante tu outfit, que te sientas más bonita, que te ayude a trasladar tus cosas, pero tener veinte carteras, guardadas en fundas y usar siempre la misma o porque no las ves, o te da fiaca cambiarla, es perder tiempo.

Un sweater me gusta, me encanta, me vuelve loca, pero no lo AMO, es un sweater, lana unida a través de puntos creada por un artesano. Al artesano sí, lo podés amar y admirar por el trabajo que hizo, pues es un ser de luz, es un ser humano.

¡NO PERSONIFIQUÉS OBJETOS!

«Tu CORAZÓN debe convertirse en un mar de amor. Tu mente debe convertirse en un río de desapego».

Sri Chinmoy

Capítulo 4

Hablemos más en profundidad...

El **desapego** es el camino más difícil para llegar a

la felicidad.

¡Leamos juntos el fragmento de un cuento!

Un hombre hizo un largo viaje para visitar en una ciudad remota a un sabio del que todos hablaban. Cuando llegó a su casa, se sorprendió al ver la vida austera que llevaba en una casa humilde sin apenas muebles y solo con unos cuantos libros. El viajero, extrañado, le preguntó: "¿Dónde están sus muebles?", y el sabio le respondió: "¿Y los tuyos?", "¿Los míos?", se sorprendió el hombre: "¡Pero si yo estoy aquí solamente de paso!". "Yo también...", concluyó el sabio.

El fragmento de este cuento ilustra de manera poderosa el concepto de **desapego material** y la importancia de una vida enfocada en lo esencial. Acá les comparto varios puntos clave que podemos analizar:

Austeridad y esencia: el sabio lleva una vida austera con una casa humilde y pocos muebles. Esto refleja un estilo de vida minimalista que valora lo esencial sobre lo superfluo.

Su foco está en los libros, símbolos de conocimiento y sabiduría, en lugar de en las posesiones materiales.

Transitoriedad de la vida: la respuesta del sabio: “Yo también...” En referencia a estar “de paso” destaca la idea de que la vida es temporal y que, al igual que un viajero, estamos aquí por un período limitado.

Esta perspectiva nos invita a reconsiderar la importancia que damos a las cosas materiales y a enfocarnos en experiencias y aprendizajes que realmente perduran.

Desapego material: la sorpresa del viajero al ver la falta de muebles y su propia respuesta subrayan nuestra tendencia a aferrarnos a las posesiones materiales. El sabio, en cambio, ha logrado desprenderse de estos bienes, indicando que el verdadero valor no reside en las cosas que poseemos, sino en lo que somos y en lo que acumulamos en términos de conocimiento y experiencias.

Lección de vida: el cuento nos ofrece una valiosa lección: la importancia de no sobrecargarse con objetos materiales que pueden distraernos de lo realmente significativo en la vida. Nos invita a reflexionar sobre nuestras propias vidas y a considerar si estamos valorando adecuadamente nuestras posesiones y prioridades.

Este cuento nos enseña que la verdadera sabiduría y felicidad no provienen de acumular objetos materiales, sino de entender nuestra existencia como una serie de momentos transitorios en los cuales el conocimiento, las experiencias y las relaciones juegan un papel fundamental.

El apego es una especie de capricho emocional, de encadenamiento con un objeto/cosa, creyendo que sin "eso" no es posible ser feliz.

Entonces si lo analizamos desde nuestro sentir, las casas, los autos, la ropa, los zapatos **son cosas**... y no nos damos cuenta de que no las necesitamos para ser felices. Son más bien una necesidad creada por la sociedad, haciéndonos creer que nuestra felicidad depende de ellas.

En realidad, la verdadera felicidad proviene de nuestras experiencias, relaciones y de encontrar significado en lo que hacemos, no en las posesiones materiales que acumulamos. Estamos de paso en este mundo y eso, amigos, eso nos frena el camino a la felicidad, a disfrutar de lo que sí podemos amar y es crear historias.

Cuando me refiero a desapegarnos de los objetos, no les digo que tiren todo por la borda, al contrario, que pasen espacio por espacio y puedan analizar qué cosas ya no se quedan. Si no lo uso, no lo puedo resignificar, se va.

El **por las dudas** hay que evitarlo, es un ejercicio que requiere **responsabilidad**, pero tengamos en cuenta que si son cosas que al verlas nos bajan la energía, no tienen que tener un lugar en nuestra casa.

Capítulo 5

A veces las historias nos sirven de ejemplo…

Este capítulo te lo dedico a vos, Verito de mi alma,

estés donde estés.

En junio del 2019, toda mi familia vivió un momento durísimo, mi prima con tan solo 41 años fue a tener a su tercer hijo, por cesárea y de urgencia, una semana antes de su fecha programada.

Yo estaba de viaje trabajando, me había ido por un día al sur de Argentina, y cuando aterrice en Buenos Aires, no entendía nada, tenía un mensaje de WhatsApp con la foto de un bebé recién nacido, me la había enviado mi mamá, y decía: “Vero no está bien”.

“¿Cómo no está bien?, si hablé ayer con ella”.

Vero era (y será por siempre) mi prima hermana, hija de mi madrina Susi y mi tío Juank, hermana de Gabyto, así llamo a mi primo.

Vero era un año más chica que yo, nos criamos juntas, vivimos tantas aventuras, la amaba tanto y la amo tanto.

Nuestra infancia fue tan divertida, con todos mis primos ansiábamos tanto que lleguen los veranos en la casa quinta que teníamos en Glew, no tenía lujos, pero era todo lo que estaba bien, no nos importaba si no viajabamos por vacaciones, ese era nuestro mejor plan.

"¿Cómo no está bien?, si hablé ayer con ella".

Y así fue como al día de hoy no sabemos por qué su corazón dijo basta, y en menos de un mes dejó este plano para vivir en paz. Dejando a sus tres hijitos de 4 y 2 años y bebé recién nacido a quien nunca conoció. (Hoy tienen 10, 8 y 5 años)

Fue devastador, un momento que hasta hoy duele y más aún sin tener explicaciones. **La vida misma**...

Pero vuelvo al foco...

Con todo el dolor del alma mi tía juntó todas las pertenencias de Vero y las donó a gente que las necesitaba.

Las vecinas, amigas e incluso parte de la familia le decían: "Pero ¿cómo te desapegás de todo eso?", y mi tía Susi respondió: "Vero no es la ropa que usaba, ella no está en los objetos, sus recuerdos **viven en mí** y en los ojos de mis nietos".

¡Mi tía lo entendió todo!

Yo tenía muchas cosas que me había regalado para mis cumpleaños, y también para mis hijos, pero cuando ya no nos entraban, o cuando ya no se usaban fueron regaladas. ¡No iba a ser egoísta de retenerlas sabiendo que alguien las necesitaba más que nosotros!

No las dejé en mi casa solo por el hecho de que Vero me las había regalado, al contrario, estoy segura de que al ver nuestra decisión, desde donde esté, se puso feliz.

Es que en realidad necesitamos poco y nada de lo que tenemos, lo justo y necesario. Nada de eso nos vamos a llevar, solo los recuerdos. Ni siquiera nuestro cuerpo, que no es más que un medio de transporte que usa el alma en este plano.

Y a Vero aparte de llevarla en mi alma decidí hasta que yo deje mi cuerpo y pase a otro plano llevarla en mi piel...

Capítulo 6

Ser felices con lo que tenemos: Testimonios

A veces escuchás a gente que sufre mucho la soledad, una separación, y lo único que hace es ir de compras, llenar ese vacío con bolsas y un "me da felicidad" de autocompasión y consuelo que **ni ellos mismos se lo creen.**

Yo creo que la felicidad es otra cosa.

El primer día que nos tomamos un tiempo con mi marido, a los dieciocho años de casados, (fue corto pero necesario), decidí vender las alianzas, ¡sí, impulsivamente, así soy!

Me propuse a mí misma, mientras trataba de superar esos instantes, respirar profundo y empezar de cero.

El proceso fue muy difícil, pero cuando **hay amor** todo se repara, ante cualquier adversidad.

Hoy seguimos recorriendo juntos nuestros veinte años de casados, con muchos proyectos por delante.

Por eso hay que vivir el día a día como si fuera el último, vivir el presente, intentarlo siempre de la mejor manera.

Pero dejo un rato de hablar de mí y te cuento testimonios de mis clientas y alumnas…

Estando de viaje, **Eleonora Wexler,** me mandó su testimonio.

"Con VP (sí, esa soy yo, VP organizadora profesional es mi marca personal, soy **V**ivi **P**apa), sacamos catorce bolsas de ropa y zapatos del placard que no se usaban hace años. Todo eso me volvió **más liviana".**

Hoy la sensación que siento es que voy libre por la vida, y dar lo que ya no usaba fue tan linda experiencia, que agradezco a Vivi, quien con su empatía y amor, me haya ayudado a entender el desapego." [1]

A veces no sabemos que dejar ir lo viejo **abre nuevos caminos…**

Eleo estaba con poco trabajo, postpandemia… y luego de toda esa limpieza, ¡no para de firmar contratos!

Como dirían las abuelas, "creer o reventar".

Irma me contactó por Instagram al ver la publicidad del programa integral para convertirse en organizadoras profesionales de espacios, que junto a un gran equipo tuve el honor de dictar online por Zoom cada agosto. Digo "tuve", porque este año lanzamos la **única certificación internacional** de organización de espacios con orientación en decoración que es maravillosa.

Pero volvamos a Irma y su testimonio:

1. Pueden ver el video completo en mis historias destacadas en Instagram: Testimonios @vp.organizadoraprofesional

"Encontrarte fue una señal", me dijo. Y me contó que estaba sufriendo una gran depresión, que venía con muchos problemas de salud que no podía manejar.

Acumulaba plantas, cajas, ropa... Y después del curso al que hizo un enorme sacrificio por participar me dejó este relato:

"Yo sufría de depresión por tener cosas por todos lados, y poder desapegarme de todo lo que ya no servía me ayudó a mí y a mi familia, lo mismo a organizarnos y saber guardar cada cosa en su lugar. Agradecida".

Es difícil entender la magnitud del desapego, lo que puede lograr en todos nosotros.

Con esto no quiero decir que no tengas una caja con recuerdos, claro que podés armar una... **¡pero no del tamaño de una baulera!**

No guardés el cordón umbilical ni tampoco el primer pelito recién cortado, ¿con qué necesidad? Si después tus hijos van a decir: "¿Qué hacían mis viejos con tanta basura?".

Al guardar tantas cosas, tantos objetos, no nos damos cuenta de que estamos siendo **egoístas** con quienes quedan cuando nosotros partamos de este plano. Al aferrarnos a estos recuerdos materiales, estamos imponiendo una carga emocional y física a nuestros seres queridos.

Ellos tendrán que lidiar con nuestra acumulación, enfrentándose al doloroso proceso de decidir qué hacer con todas esas cosas que nosotros valoramos, pero que para ellos pueden ser simplemente basura. Esta acción no solo los priva del espacio y la libertad para crear sus propios recuerdos y experiencias, sino que también los obliga a revivir una y otra vez la pérdida, dificultando su proceso de duelo. ¡Que **egoístas** seríamos entonces, ¿no?!

Al soltar estos objetos y aprender a vivir con menos, les dejamos un legado de **amor y libertad** en lugar de una carga de **cosas innecesarias.**

Hoy por hoy noto, sobre todo en mis hijos, que es más fácil el descarte para ellos. Los chicos de hoy son más sueltos.

"Ma, esto ya no lo uso más podemos donarlo o regalárselo a… o venderlo en…".

¡Qué placer al oído y ni hablar a la vista! Porque no es necesario que si descartamos, tengamos que volver a comprar.

Usar lo que tenemos, saber aprovechar todo, hacer compras inteligentes, ¡evitar el *fast fashion*!

Y si esos zapatos te volvieron loca y por qué no, loco, te encantaron (no digo que los necesitás porque estoy segura de que no), mirá primero en tu placard cuáles se irían. Si descartás alguno, pues entonces vaya y compre.

Realizar el ejercicio de soltar para que llegue algo nuevo es un buen plan para comenzar con el hábito de descartar. Si comprás sin sacar nada, ¡ahí empieza la acumulación!

¡Entra algo nuevo y salen dos o más cosas!

¡Esa es mi regla!

Si veo que un pantalón me gusta, lo primero que hago es ir a mi vestidor a ver cuál no voy a usar más, cuando decido cuál o cuáles (generalmente es cuales) voy a descartar, bueno, ahí voy por mi nuevo pantalón, lo tomo como ¡un premio por lo que descarté!

Significado de acumulación: es la acción y efecto de acumular, amontonar o juntar algo.

Y el diccionario agrega como ejemplo: la acumulación no es solo la acción de juntar objetos; es también el peso invisible que llevamos en nuestra mente y corazón. Imagínate entrar a una habitación donde cada rincón está abarrotado de cosas innecesarias: recuerdos, miedos, preocupaciones. Cada objeto representa una decisión postergada, un sueño olvidado, o un "por si acaso" que nunca llega. Así como una casa llena de cosas puede volverse inhabitable, una mente saturada de pensamientos sin resolver puede volverse insoportable. La acumulación, entonces, es la carga que nos impide avanzar, recordándonos que a veces, lo que necesitamos no es más espacio, sino menos peso.

Una vez un ser que quiero mucho me dijo: "A veces uno se replantea todo, más en este **nuevo mundo descartable**". ¡Cuánta razón!

Vivimos en un mundo donde se descartan los humanos y animales y se apegan a lo material.

Esta es una vida en la que estamos de paso y nada nos llevaremos, pero queremos poseer todo y a veces a todos.

Por más difícil que sea **soltar es sanar.**

¿Se acuerdan de que en páginas anteriores les conté que vendí las alianzas?

Bueno, la reacción de la gente en ese momento fue ¿estás loca?, ¿tan rápido?, yo no vendería las alianzas y las guardaría...

Entonces pregunto ¿para qué?, ¿con qué fin guardar algo que es **solo un objeto**, que me va a recordar momentos que **ya pasaron**? ¿O acaso la felicidad de una pareja depende de un anillo?

Alianzas: conocidas como el símbolo del amor.

Veamos qué dice el diccionario sobre la palabra 'símbolo':

"Signo que establece una relación de identidad con una realidad, generalmente abstracta, a la que evoca o representa. 'El olivo es el símbolo de la paz en las culturas mediterráneas'".

"Figura retórica de pensamiento por medio de la cual una realidad o concepto normalmente de carácter espiritual se expresa por medio de una realidad o concepto diferente, entre los que se establece una relación de correspondencia, de modo que al nombrar el concepto simbólico se sugiere o se evoca el concepto real. 'En muchas poesías, los ríos son símbolos de la vida, porque ambas cosas son un largo camino que tiene indefectiblemente un final'".

Esto me lleva a pensar, y aquí señoras y señores quedará el debate, que las alianzas, al final, son **solo objetos** y no símbolos. Un símbolo debe representar y evocar una realidad abstracta o espiritual que tenga sentido y resonancia. Cuando un matrimonio fracasa, la alianza pierde esa capacidad simbólica, se convierte simplemente en un anillo, un objeto carente de significado.

En el proceso de desapego, debemos aprender a nombrar las **cosas por su nombre**. Mantener una alianza que ya no representa amor ni unión es aferrarse a una ilusión. Liberarnos de estos objetos nos permite avanzar, sanar y abrirnos a nuevas posibilidades. No se trata solo de dejar ir un anillo, sino de soltar el peso de un pasado que ya no nos define. Al hacerlo, practicamos un desapego consciente y saludable, reconociendo que nuestra verdadera esencia y valor no se encuentran en las cosas que poseemos, sino en nuestra capacidad de vivir plenamente en el presente.

Y así es como un matrimonio puede seguir adelante sin depender de un anillo... parte de mi historia.

La siguiente pregunta es la que se tienen que preguntar cada vez que se paran en frente de su vestidor: ¿para qué guardo esto?, ¿con qué motivo?, ¿lo voy a usar?

Porque realmente el acumular cosas de nuestro pasado o presente incierto no hace nada bien.

Capítulo 7

Les pregunto...

¿Nunca les pasó encontrar algo guardado y darse cuenta en el momento que les produce nostalgia, angustia?

¿Pensar que es algo que ya no van a ver?, ¿momentos que no vuelven a vivir? Por ejemplo, la ropita de bebé de sus hijos cuando ya tienen diecisiete años.

Bueno esa angustia, ese sentir, les está poniendo un freno, porque en sus pensamientos está el recuerdo de cuando eran bebés, y en ese ratito que pierden admirando y anhelando volver a esa etapa se están perdiendo el hoy de sus hijos.

Esos minutos ya pasaron y ustedes podrían haber estado haciendo otra cosa, de hecho, algo mucho más importante: conversando, abrazando o besando a sus hijos. Pasando tiempo de calidad con ellos, saliendo a merendar o simplemente admirarlos desde el silencio. Ellos crecen, siguen adelante, y nosotros tenemos que vivir cada etapa acompañándolos y disfrutando el día a día.

Si nos detenemos en esos recuerdos, frenamos el tiempo y no avanzamos a lo que vendrá.

Es tiempo de asumir quiénes somos hoy, la edad que tenemos, ubicarnos en este plano con lo que el universo propone y dispone.

Declararnos y convencernos que ante cualquier situación que el destino ponga en nuestro andar podemos ser felices igual.

Somos seres humanos, todos cometemos errores, y el mayor cometido es querer corregir al otro o culparlo de lo que nos pasa. Somos una sociedad que juzga como hobby, que critica. Nos volvimos fríos y distantes... Y todo eso fue gracias al **"amor por las cosas"**.

¡Somos lo que pensamos, somos lo que hacemos, somos lo que acumulamos y somos lo que descartamos!

Capítulo 8

El desapego y la organización van de la mano

Cuando organizamos nuestra casa transformándola en un hogar, para vivir nuestros días en total armonía, y así lograr liberar estrés, ansiedades, dolores de cabeza y distracciones, pasamos por el gran desafío del descarte.

Depurar tiene que fluir, salir de uno a conciencia, sabiendo que ya no estamos para tener ese objeto o esa prenda en nuestro hogar.

El desapego puede ser el mejor amigo de la organización así como el apego el peor de los enemigos, porque si buscamos optimizar espacios, es inevitable tener que decir adiós a muchas de nuestras cosas.

Con la depuración de cada ambiente vas a lograr no solo más espacio, sino que también tendrás mayor concentración, menos estrés, menos ansiedad y te vas a sentir liberado.

Entonces surge la duda más grande y es por dónde empezar a descartar.

Tanto a mis clientas como a mis alumnas les doy la siguiente lista de preguntas para que el momento del adiós sea más leve y con un propósito.

- ¿Lo usaste este último año?

  Si la respuesta es sí, se queda porque lo estás usando.

  Si la respuesta es no, te hacés las siguientes preguntas:

- ¿Lo guardás por nostalgia? ¿Está roto? ¿No te gusta cómo te queda?

  ¡Probatelo!

  No te gusta, ¿se puede resignificar? ¿Cómo lo utilizarías?

  No se te ocurre qué hacer, entonces donalo, regalalo o vendelo.

Esta guía que parece una pavada es realmente muy importante para ayudar a las personas a ver que los objetos son **cosas.**

Otra opción es poner en práctica el siguiente **plan de acción:**

Primero necesitarás hacer una **reflexión personal:**

Reflexioná sobre las cosas materiales, ideas, estrategias o hábitos que sentís que ya no te sirven en tu vida o por qué no en tu negocio.

Preguntate: ¿qué objetos tengo que ya no utilizo o que ocupan espacio innecesario? ¿Qué ideas o estrategias en mi negocio ya no están funcionando? Por ejemplo: tengo una colección de objetos que no uso desde hace años y una estrategia de marketing que no me está dando resultado hace meses.

Segundo: identificar los **elementos a soltar:**

Hacé una lista de los objetos materiales y elementos del negocio que reconociste en el paso anterior. Sé específica, consciente y detallada. Por ejemplo: ropa que no use en el último año, equipos electrónicos que ya no suman o pasaron de moda, estrategia de redes sociales que no genera engagement, etc.

El tercer paso consiste en **tu evaluación y decisión**:

Analizá cada elemento de la lista y decidí cuál es su destino: donar, vender, reciclar o descartar objetos materiales. Modificar, actualizar o abandonar ideas y estrategias de negocio. Por ejemplo: donar la ropa a una organización benéfica, reciclar equipos electrónicos obsoletos, abandonar la estrategia de redes sociales y explorar nuevas tácticas.

El plan de acción continúa con la acción concreta en sí: escribí un plan de ejecución específico para soltar cada elemento, que tenga pasos claros y plazos para completar cada tarea. Por ejemplo:

- Ropa: seleccionar la ropa a donar este fin de semana. Llevar la ropa a una organización benéfica la próxima semana.

- Equipos electrónicos: identificar un centro de reciclaje. Llevar los equipos allí el próximo lunes.

- Estrategia de redes sociales: analizar datos de rendimiento esta semana.

- Buscar ayuda con un experto en marketing digital para nuevas ideas, alguien que gestione mis redes sociales y pueda generar más contenido.

Y, por último, terminarás este plan con el seguimiento y adaptación y lo convertirás en un hábito. Para sostenerlo en el tiempo revisalo regularmente y así podrás evaluar tu progreso. Sé flexible y adaptá tu plan según sea necesario para asegurar que continúes avanzando hacia tu meta.

Por ejemplo: revisar el estado de tu espacio personal cada mes para asegurarte de no acumular nuevamente o evaluar el rendimiento de las nuevas estrategias de marketing cada trimestre y realizar ajustes según los resultados.

Seguramente a esta altura, y eso que recién vamos algunas páginas, más de una vez te dieron ganas de revolear el libro. Bueno, dejame decirte que es normal.

¡Lo que no es normal es que **ames el mantel** que te hizo la abuela! Vos amabas (o amás si aún está con vos) a tu abuela, no el mantel. A ver, que quede claro, siempre refiriéndome a los objetos y ropa que tengas guardados sin usar.

Lo que quiero lograr a través de este libro es que de una vez por todas **vivamos momentos, creemos recuerdos felices y dejemos atrás todo lo material**. Y sí, lo sé, ¡me pongo reiterativa!

Cuando logremos darnos cuenta de que la vida es un pasaje a otro plano, que nuestro cuerpo es un medio de transporte y que no nos vamos a llevar nada de lo que tenemos, viviremos libres de verdad.

Paseando por **los muros de Facebook** encontré este texto que no sé a quién pertenece, pero ameritaba ser compartido acá:

"Esta vida se va a ir rápido, no pelee con la gente, no critique tanto su cuerpo, no se queje tanto, no pierda el sueño por las cuentas.

Busque la pareja que lo haga feliz, si se equivoca, déjela y siga buscando su felicidad.

No se preocupe tanto en comprar lujos y comodidades para su casa ni se mate dejándole herencia a su familia.

Los bienes y patrimonios deben ser ganados por cada uno, no se dedique a acumular plata.

Disfrute, viaje, goce de sus paseos, conozca nuevos lugares, cumpla con los gustos que merece.

Utilice la nueva vajilla, no economice su perfume favorito, úselo para pasear consigo mismo, gaste sus tenis, repita sus ropas favoritas".

Y ¿qué? ¿Por qué no ahora? ¿Por qué no llamar ahora? ¿Por qué no perdonar ahora?

Se espera mucho para la Navidad, el viernes, un año más, cuando se tenga dinero, cuando el amor llegue, cuando todo sea perfecto...

Mire.... No existe el "todo perfecto".

Los seres humanos no pueden lograr esto porque simplemente no se hizo para completarlo aquí.

Aquí es una oportunidad de aprendizaje. Así que tome esta prueba de vida y hágalo ahora... Ame más, perdone más, abrace más, viva más intensamente y deje el resto en las manos del Universo".

Anónimo

Uf, ¡el texto indicado para explicarte lo que necesito que veas!

Abrí los ojos, mirá a tu alrededor, hacé *zoom out* de tu cuerpo y mente, y preguntate: ¿realmente todo lo que poseo y me posee me hace feliz?

Lindo texto, ¿verdad?

A veces las palabras son fuertes, pero tan reales...

Y hablando de textos y muros de Facebook, acá va otro texto que me llegó hace minutos y me dije... ¡es un texto para el libro!

Se los comparto:

"Ya no tienes muchos años para vivir, y además no podrás llevarte nada cuando te vayas, por lo cual debes ser ahorrativo, pero sin sacrificar tu bienestar.

Gasta el dinero que deba ser gastado, disfruta lo que deba ser disfrutado y dona lo que te sea posible.

No te preocupes por lo que pasará cuando te hayas ido, porque cuando te vuelvas polvo, no sentirás si te alaban o te critican, si te visitan al cementerio o te olvidan.

El tiempo para disfrutar la vida es este momento, y los bienes que tan difícilmente ganaste debes gozarlos.

No te preocupes mucho por tus hijos, porque ellos tendrán su propio destino y encontrarán su propio camino.

Cuida, en especial a tus nietos, amalos, consiéntelos, y también trata de disfrutarlos mientras puedas.

La vida debe tener más cosas que trabajar desde la cuna hasta la tumba.

Despiértate diariamente a disfrutar un día más de vida sin peleas con nadie ni rencores.

No esperes mucho de tus hijos.

Los hijos, aunque se preocupen por sus padres, también estarán continuamente ocupados con sus trabajos, sus compromisos y con su propia vida.

Muchos hijos que no se preocupan de sus padres, pelearán por sus bienes aun cuando todavía estén vivos, y desearán que pronto dejen esta vida para poder heredar sus propiedades y riqueza.

Si ya tienes sesenta y cinco años o más, no intercambies tu salud por riqueza trabajando en exceso, ya que estarás cavando tu temprana sepultura.

De mil hectáreas sembradas de arroz, solo puedes consumir 1/2 taza diaria, y de mil mansiones, solo necesitas un espacio de 8 metros cuadrados para descansar en las noches, así que, si tienes alimento y algo de dinero para tus necesidades, no necesitas más.

Trata de vivir feliz, pues solo tienes una vida.

No te compares con otros midiendo tu fama, tu dinero o tu estatus social, o ufanándose por ver los hijos de quién tienen más éxito, y en lugar de eso, reta a tus hijos a que logren felicidad, salud, gozo y calidad de vida.

Acepta las cosas que no puedes cambiar, pues si te preocupas demasiado, puedes estropear tu salud.

Crea tu propio bienestar y encuentra tu propia felicidad, haciendo cosas que te diviertan y alegren diariamente.

Un día sin felicidad es un día que pierdes.

Teniendo buen ánimo, la enfermedad se curará, pero teniendo un espíritu alegre, la enfermedad se curará más rápido, o nunca se acercará.

Con buen carácter, adecuado ejercicio, alimentos sanos, y un consumo razonable de vitaminas y minerales, tendrás una vida saludable y placentera.

Pero sobre todo, aprende a apreciar la bondad en todo, en la familia y amigos, pues ellos te harán sentir joven, reviviendo los buenos momentos y los pasajes interesantes de tu vida.

Dicen que, en la vida, quien pierde el techo gana las estrellas y así es.

El tiempo y las oportunidades son como el agua de un río, que nunca podrás tocarla dos veces, porque ya pasó y nunca pasará de nuevo.

Aprovecha cada minuto de tu vida y no rechaces las oportunidades de conocer el mundo y disfrutar las cosas buenas de la vida, pues es posible que nunca se te vuelvan a presentar.

Nunca te fijes en la apariencia, porque esta cambia con el tiempo.

No busques a la persona perfecta, porque esta no existe.

Busca, si lo deseas, a alguien que te valore como persona, y si no la encuentras, disfruta tu soledad que es mucho mejor que una mala compañía.

Cree en Dios, cualquiera que sea el concepto que tengas de él, y trata de gozar la vida, que es muy corta, disfrutando la familia y los amigos, pues te irás tarde o temprano de este mundo, y nadie te dará las gracias".

«Que la salud y el bienestar te acompañen siempre».

Filósofo Chino: Ling Yu Tang

Voy subiendo de tono. ¡Prometo no torturarlos mucho más!

Capítulo 9

Minimalismo

¿Dónde y cuándo nació el minimalismo?

El minimalismo como estilo de vida y filosofía surgió en la década de 1960 en la cultura artística y arquitectónica de Estados Unidos. Se desarrolló como una reacción contra el consumismo y la sobrecarga de información y estímulos de la sociedad moderna.

En el arte, el minimalismo se caracteriza por la reducción de la forma y la simplificación de los elementos visuales. Los artistas minimalistas buscaban crear obras que fueran esencialmente simples y directas, sin adornos innecesarios.

En la arquitectura, el minimalismo se traduce en diseños que se centran en la funcionalidad y la eficiencia, utilizando materiales y formas simples y reducidas.

Con el tiempo, el minimalismo se ha expandido más allá de la cultura artística y ha sido adoptado como una filosofía de vida. que aboga por una vida más simple, centrada y consciente.

Esta filosofía de vida y diseño se basa en la eliminación de lo innecesario y la simplificación. Se trata de centrarse en lo esencial y deshacerse de los objetos o elementos que no aportan valor o que son poco útiles.

Este movimiento se ha popularizado en la decoración de interiores, en la cual se busca crear un ambiente cómodo, ordenado y funcional sin sobrecargarlo con elementos innecesarios.

También se aplica a la moda, la tecnología, el arte y la vida en general, en los cuales se fomenta la simplificación de la vida cotidiana y la eliminación de las distracciones y preocupaciones innecesarias.

¿Cuál es el objetivo principal?

El objetivo principal es lograr una vida más simple, centrada y consciente.

Los minimalistas creen que tener menos cosas, relaciones y compromisos les permite enfocarse en lo realmente importante en sus vidas y experimentar una mayor satisfacción y felicidad.

El minimalismo también busca liberar a las personas de la presión de tener más y mejor. Es un estilo de vida más consciente y sostenible, en el que se valora la experiencia y las relaciones humanas por encima de las posesiones materiales.

MENOS es MÁS

Esta nota que leí en el blog llamado “La mente es maravillosa” lo explica perfectamente:

¿Qué es un estilo de vida minimalista?

Según los minimalistas, hoy en día vivimos en un entorno demasiado estimulante. Además, muchos de estos estímulos son anuncios interesados que están enfocados a motivar el consumo; esto produce que cada día pensemos que hay más objetos que resultan imprescindibles para nuestro bienestar.

Siguiendo el pensamiento minimalista, con cada nueva compra nos hacemos más pesados. Es decir, nuestro plano emocional se sobrecarga y termina por dejar de lado partes esenciales del ser humano, como es la libertad.

Por eso, los creadores del estilo de vida minimalista, Ryan Nicodemus y Fields Millburn, definen esta forma de vivir como la herramienta que sirve de catalizador para deshacernos de los excesos. ¿Para qué? Para que nos podamos enfocar en aquello que realmente es importante, y que nos lleve hacia la felicidad, la libertad y la realización.

Si les interesa la forma de vida minimalista, hay una serie de características que la definen partiendo de una única idea que las vertebra y las inspira: eliminar necesidades materiales, y artificiales en el fondo, y centrarnos en lo personal.

En el estilo de vida minimalista básicamente pregonan que eliminemos todo aquello que no sea estrictamente necesario. Si durante sus vidas han estado almacenando objetos inútiles, se trata de hacer un ejercicio de orden para vaciar estos espacios, de manera que puedan ser liberados o rellenados con elementos que sí cubren necesidades reales.

La sabiduría más tradicional nos recuerda que el apego por lo material nos hace de alguna manera esclavos. La acumulación hace que perdamos tiempo limpiando, ordenando o manteniendo, suponiendo un obstáculo para emplear nuestros recursos en aquellos asuntos que son realmente importantes. De esta manera, los minimalistas invitan a vaciar cajones y armarios, eliminando todo aquello que realmente no sirve para nada.

Eliminar el apego a los objetos

A veces nos encariñamos con los objetos, por eso no los tiramos. Es cierto que pueden ser cosas llenas de recuerdos para nosotros. Sin embargo, **el minimalismo nos rememora que, en realidad, dichos recuerdos están en la persona, no en el objeto.**

Los minimalistas afirman que hemos de proyectarnos hacia el futuro, no hacia el pasado. Así pues, el apego ha de ser hacia las personas, comenzando por uno mismo, y no hacia las posesiones materiales.

Orden y simplicidad en el hogar

Las personas minimalistas también abogan por tener un hogar ordenado, donde la simplicidad sea la tónica dominante. Cada cosa que conservemos será porque tiene un uso concreto y por ese cometido ha de tener un espacio. Además, si somos sistemáticos y siempre le damos el mismo lugar, será más fácil encontrarlo.

(Lo que yo llamo "crear un sistema de orden", como leyeron más arriba).

Otro aspecto importante que valora el minimalismo vital es el control del consumo. Hemos de ser cuidadosos con las compras, ya que, en muchas ocasiones, se adquieren posesiones que realmente no sirven para nada.

También abogan por otra máxima, y es cambiar cada cosa que entra en un hogar por otra que salga. Así pues, si alguna de sus posesiones ha perdido su vida útil, pueden venderla o donarla, pero no acumulen.

Digitalización

Otra opción por la que se decantan los minimalistas es por la digitalización. Hablan a favor de acabar con los álbumes de fotos, facturas, cartas, tickets y demás. Primero se hace una foto o se escanea, luego se guarda digitalizada y después se tira la parte material.

Otras opciones del estilo de vida minimalista

Existen otras opciones por las que optan los minimalistas. Como podrán imaginar, todas apuestan por simplificar la vida.

Simplificar la tecnología: es decir, no poseer móvil, iPod, MP3, portátil, computadora... Apuestan por intentar aglutinar todo en el número más pequeño de dispositivos posible.

También invitan a **controlar el consumo de información**. Dado que estamos expuestos a muchos estímulos, al final perdemos foco y tiempo valioso sin estar verdaderamente bien informados en muchos casos.

Seleccionar compromisos es otra máxima. No pierdan su tiempo en citas que de verdad no les van a aportar nada. Hemos de ser más productivos, y para ello, a veces, hay que decir no.

La acumulación de experiencias en lugar de objetos también es otra de sus características.

Finalmente, apuestan por controlar la mente, centrándose en lo verdaderamente importante: **buscando el equilibrio emocional**.

Adoptar un estilo de vida minimalista puede tener muchos beneficios positivos. Por ejemplo, puede ayudar a ahorrar dinero, reducir el estrés, mejorar la concentración y la claridad mental y fomentar una conexión más profunda con uno mismo y con los demás. Sin embargo, es importante tener en cuenta que el minimalismo no se trata de vivir con poco o de privarse de las cosas que nos gustan, sino de ser conscientes de lo que realmente importa. Adoptar el minimalismo puede ser un proceso desafiante, pero también puede ser muy gratificante. Aquí hay algunos pasos que podés seguir para empezar:

- Hacé un seguimiento de tus gastos: aprendé a ser consciente de tus gastos y a limitarte a comprar solo lo que necesitás. Tratá de evitar las compras solo porque te gusta y de manera impulsiva, buscá alternativas más económicas a las cosas que realmente necesitás.

- Simplificá tu entorno: tratá de crear un ambiente sencillo y ordenado en tu hogar, eliminando objetos innecesarios y organizando los que te quedan.
- Priorizá la calidad sobre la cantidad: en lugar de tener muchas cosas baratas y de baja calidad, tratá de invertir en unas pocas cosas de buena calidad que duren más tiempo.
- Cultivá relaciones significativas: en lugar de acumular cosas, tratá de cultivar relaciones significativas con tus seres queridos y con la comunidad.

Recordá que el minimalismo es un proceso continuo y que puede llevar tiempo acostumbrarse a él. Pero con el tiempo, te darás cuenta de que tener menos cosas puede ser liberador y te permitirá concentrarte en lo que realmente importa en la vida.

Viviendo en armonía:

La vida en armonía es un concepto relacionado con el minimalismo y se refiere a la búsqueda de un equilibrio y una armonía entre el cuerpo, la mente y el espíritu.

Es un enfoque que se centra en la búsqueda de una vida plena y significativa en lugar de la acumulación de bienes materiales.

La vida en armonía implica encontrar un equilibrio entre las responsabilidades y las actividades que no nos brinda la acumulación de cosas.

También significa establecer relaciones saludables y positivas con los demás y con nosotros mismos, y encontrar un equilibrio entre el trabajo y el tiempo libre.

Para alcanzar una vida en armonía, muchas personas adoptan prácticas como la meditación, el yoga, la reflexión y la introspección.

También pueden incluir un enfoque en la simplificación y la eliminación de cosas innecesarias en sus vidas para liberarse de la sobrecarga y la presión y centrarse en lo esencial.

La vida en armonía es una búsqueda de una vida plena, significativa y equilibrada, en lugar de una vida centrada en la acumulación de cosas materiales.

Es un enfoque que busca alcanzar un equilibrio entre la mente, el cuerpo y el espíritu, y que puede ser una parte importante del minimalismo y de un estilo de vida consciente y sostenible.

Capítulo 10

Más testimonios

"Como alumna del programa integral y perfeccionamiento para expertas del orden, puedo decir que mi experiencia con el desapego ha sido transformadora. Crecí en una familia donde se heredan objetos de generación en generación, pero yo personalmente no soy de los que guarda. Sin embargo, después de la partida de mi papá, me di cuenta de que algunos objetos tenían un valor emocional para mí, como sus pantuflas o el reloj que usaba. Un día, hablando con Vivi, me di cuenta de que tenía un par de medias de lana de mi papá, y cada vez que abría el cajón y las veía, me recordaba a nuestras últimas charlas y risas juntos. Cerraba el cajón con una sensación rara de tristeza y de que algo me faltaba. Pero después de aplicar lo aprendido en el programa comprendí que los momentos no están en esos objetos, sino en mi retina, en mi oído y en mi corazón. Hoy, esas mismas medias están en mis pies y las miro con alegría, porque son solo medias, pero las risas y las charlas con mi papá las guardo en mi corazón para siempre. Aprendí que el desapego me ha dado libertad y me ha permitido amarme a mí misma con mis defectos y aciertos". **N.G.**

M.C. nos cuenta: "He experimentado un importante cambio emocional gracias a mi experiencia con el desapego. Antes estaba atrapada en una relación emocional con un objeto: un bolsito, que simbolizaba mi deseo de ser querida y amada por mi familia. Este deseo me llevó a cometer un acto de robo, lo que generó un sentimiento de culpa y vergüenza en mí. Sin embargo, a través del proceso de desapego y la sanación emocional, aprendí a valorarme y a amarme incondicionalmente, independientemente de la aprobación o el afecto de los demás. Practicar el desapego me dio libertad y me permitió ser feliz".

Es un ejemplo de cómo el desapego puede ser una herramienta valiosa para mejorar nuestra vida emocional y encontrar la paz interior.

Mary hizo el curso del programa integral, el perfeccionamiento, y fue parte del equipo VP...

"Quiero compartir mi experiencia con el desapego. Hace casi veinticinco años, perdí a mi marido y, durante mucho tiempo, guardé unos CDs que él había coleccionado. Aunque los valoraba mucho, nunca volví a escucharlos.

Fue gracias a Vivi que tuve la oportunidad de enfrentar mi desapego. En uno de los talleres que dictó, hicimos un ejercicio en el que teníamos que deshacernos de algo que significaba mucho para nosotros, algo que fuera difícil de descartar. Así fue cómo decidí regalar los CDs a alguien que los apreciaría y que, además, me daría un espacio valioso para algo nuevo.

Hoy, mi marido sigue estando en mis recuerdos y en mi corazón, pero no en las cosas que guardo. Agradezco a Vivi por ayudarme a ver la importancia del desapego y a librarme de aquello que ya no me hacía falta. ¡Gracias, Vivi!".

Testimonio de Valeria:

"Antes de conocer el minimalismo, la organización y sobre todo el desapego, un día me senté en mi taller y me largué a llorar porque estaba abrumada por la cantidad de cosas que tenía. No podía encontrar nada, y todo parecía estar en su lugar equivocado. Me sentía estresada y agotada, y no podía concentrarme en mi trabajo.

Pero después de adoptar los principios del desapego, todo cambió. Comencé a simplificar mi espacio, eliminando las cosas que no eran esenciales y organizando lo que quedaba. De repente, todo parecía más claro y fácil de manejar.

Ahora, cuando entro en mi taller, me siento motivada y lista para trabajar. Tengo un espacio ordenado y limpio, y puedo encontrar todo lo que necesito de inmediato. Me siento más relajada y en control de mi vida, y estoy agradecida por haber adoptado el desapego y vivir organizada y en cierta forma practicando el minimalismo.

Si alguna vez te sentiste como yo lo hice, te recomiendo que consideres adoptar los principios del desapego. Te sorprenderá lo liberador y transformador que puede ser".

Testimonio de Ana:

"La pandemia fue un tiempo difícil para muchos de nosotros, y yo no fui la excepción. Me sentía abrumada por la incertidumbre y el estrés de la situación, y no sabía cómo manejarlo. Pero entonces conocí a Vivi en un workshop que dictó por Zoom, y todo cambió.

Vivi compartió conmigo sus conocimientos sobre el desapego y cómo puede ayudar a simplificar la vida y reducir el estrés. Me encantó la idea y comencé a poner en práctica lo que aprendí.

Mientras buscaba unos cuadros, encontré una frase que resumía todo lo que había aprendido: 'El orden es el más hermoso ornamento de una casa'. La frase me hizo reflexionar sobre la importancia de mantener un espacio ordenado y limpio, y cómo puede afectar positivamente a nuestro bienestar y estado de ánimo.

Desde entonces he adoptado los principios del desapego en mi día a día y no puedo estar más agradecida. Me siento más relajada, en control de mi vida, y tengo un hogar hermoso y acogedor. Si alguna vez te sentiste agobiado o estresado, te recomiendo que adoptés el minimalismo. Te van a sorprender los cambios positivos que vas a vivir".

Anto Cattaneo CEO de Pupukis Food no dudo en enviarme su experiencia con el desapego al decidir emigrar a otro país:

"Cuando tomé la decisión de ir a vivir a otro país, una de las cosas que más me preocupaba era cómo iba a hacer para seleccionar las cosas que me quería llevar.

Sabía que era una buena oportunidad para hacer aquella limpieza de placard completa que nunca me animé a hacer y que eso ayudaría a sentirme un poco más 'liviana'. También sería una gran ocasión para empezar mi nueva vida en otro lado, con lo que eso implica, mantener una identidad, pero transformarla un poquito.

Cuando la fecha se acercaba, empecé a vender cosas que eran demasiado importantes para mí, o al menos eso creía. Y no podía evitar pensar en el valor enorme que tenían. Me costaba un poco la idea de pensar en que eso ya no iba a formar parte de mi vida después de tanto esfuerzo que hice para conseguirlo. Pero todo el tiempo pensaba en que... o podía volver a conseguirlo o encontraría la forma de suplantarlo (a pesar de que cueste).

Un ejemplo fue mi bicicleta fija profesional. Fui instructora de spinning durante muchos años por el simple placer de dar clase y por el amor que le tenía a esa actividad. Sin embargo, yo no me dedicaba al 100% y mucho menos vivía de eso. Las vueltas de la vida me llevaron a terminar con mi rol como profesora y comprar mi bici para poder entrenar por mi cuenta. En su momento 'fue la primera compra cara que hice'. La financié en todas las cuotas que pude...

Volvamos al momento de desapego. No pude venderla, pero la dejé en casa de mis padres, con la promesa de que si volvía, podría hacerme de ella de nuevo, pero que si se vendía en el mientras tanto, seguro pasaría a mejores manos.

Al momento de armar la valija, separé las cosas en prioridades. ¿Cuánto abrigo y calzado necesito? ¿Vale la pena llevarme ocho pares de pantalones? Fui haciendo un filtro y además agarré toda la ropa que prometía volver a usar algún día, otro tanto que ya tenía muchos años de uso y me había cansado, y bueno... la metí en una valija gigante que después regalé a mis primas con un poco de nostalgia, ¡pero sabiendo que ellas la iban a cuidar y aprovechar mucho!

Dicen que cuando te mudás a otro país una de las cosas más importantes es la de generar hogar en cualquier lugar en el que estés.

Sabía que ese trabajo iba a ser largo y por eso tomé algunas cosas chiquitas que me gustaban mucho o que tenían mucho significado para mí y me las llevé. ¿Ejemplos? Algunas fotos sin marco, dos tazas que me gustaban mucho, dos o tres libros, algún juego de mesa que me divertía un montón y un reloj que había sido de mi abuela. Pero que todo estaba en uso, nada olvidado en un rincón, de hecho, siguen en uso hoy acá.

Pero no todo fue desapego 100% y regalo. Debo admitir que dejé algunas cosas en la casa de mis viejos. Como por ejemplo, cuadros, discos, cds y entradas a recitales de cuando era adolescente.

Si tuviera que mencionar lo que más me costó dejar y que tuve en la cabeza durante meses antes de irme, fue una urna chiquita de cremación donde se encontraban las cenizas de mi perrita Angie. Fue todo un trabajo entender que las personas y seres que ya no están siempre iban a acompañarme a donde fuera".

Geo Barbarrosa, actriz, también dejó sus testimonios en mi feed de Instagram y se los comparto por acá, porque a ella también le cambió la vida la organización y el desapego:

“Les quiero contar la experiencia maravillosa que tuve con Viviana: Viviana no es una simple organizadora de placard, ella me organizó la vida, porque hacés como un *flashback,* volvés al pasado, y te empezás a dar cuenta que tenés tantas cosas que no necesitás, y aprendés lo que se llama el DESAPEGO, porque realmente, si tenés camisas o sweaters colgados, vestidos, tapados, que hace veinte años que no los usás, dalo, tenés que darlo... Porque hay montones de cosas que podés dar, no solamente ropa, porque si decís que lo vas a usar, lo guardas para cuando esté más flaca,lo guardo para mi hermana, no mentira, no lo vas a usar. Pero quiero aclarar otro tema: yo a veces hago una trampita porque me guardo muchas cosas para mis personajes en el teatro, pero lo demás hay que darlo. Abrí la mano y da.

Les cuento que optimicé tiempo, espacio, calidad de vida, porque cuando llego a casa y veo que en mi vestidor todo está en su sitio, las perchas miran hacia el mismo lado, y todo está doblado con las tablitas y las medidas que me dio Viviana. ¡Ay, chicos, llego y soy una mujer feliz! Y si veo algo desordenado, me pone de pésimo mal humor, así que **gracias, gracias, Vivi, TE AMO.**

En mi Instagram pueden ver el video completo del testimonio de Georgi, y se preguntarán: ¿qué llegó nuevo para ella?, bueno, les cuento que llegó su propio programa de TV después de tantos años, y lo más importante para ella hoy, su nieta...

Vieron que te cambia la vida, ¿no?

Y si no te alcanzó con todos estos testimonios, es porque aún no has experimentado el verdadero poder del desapego. Dejá que estas historias te inspiren y te guíen hacia una vida más ligera y plena. Es hora de soltar y descubrir el cambio que tanto necesitás.

Capítulo 11

El desapego de la información

Por Alexandra Muraco, mentora coach de Mujeres Emprendedoras

El desapego de la información es sumamente necesario en la era moderna, en la cual estamos constantemente bombardeados con una avalancha de datos y contenidos. La saturación mental, o información excesiva, puede afectar negativamente nuestra productividad, concentración y bienestar general. Desarrollar el desapego de la información implica aprender a filtrar, gestionar y seleccionar conscientemente lo que consumimos, permitiéndonos enfocarnos en lo esencial.

Por eso en este capítulo quiero compartirte algunas consideraciones importantes sobre el desapego de la información, también llamado obesidad mental, y cómo puede ayudarte a aumentar tu productividad:

En principio el desapego no significa necesariamente alejarse por completo de la información, sino más bien seleccionar y priorizar lo que es relevante para tus objetivos y metas, para esto es importante identificar las fuentes de información más valiosas y enfocarte en ellas, evitando la sobreexposición a contenido innecesario.

1. Reconocé e identificá las fuentes de información más confiables, relevantes y valiosas para tus intereses y necesidades, así podrás reducir la posibilidad de consumir información equivocada o poco útil.

2. Antes de iniciar la búsqueda de información, necesitás claridad sobre tus objetivos y metas. Esto te permitirá discernir de manera más efectiva qué información es esencial para tu progreso y qué puede ser considerado como distracción.

3. Adoptá un enfoque activo al filtrar la información. Cuestioná si la información contribuye de manera significativa a tus objetivos. Si no es así, considerá dejar de seguir ciertos canales o limitar el tiempo dedicado a fuentes menos relevantes.

4. Definí límites en cuanto al tiempo que dedicás a consumir información. Establecé momentos específicos durante el día para revisar noticias, correos electrónicos o redes sociales, evitando la constante interrupción que puede generar la sobreexposición a información no prioritaria.

5. La cantidad de información disponible puede ser abrumadora, pero la calidad es fundamental. Priorizá profundizar en temas clave en lugar de tratar de abarcar una amplia gama de temas superficiales. Esto no solo mejora tu comprensión, sino que también te ayuda a evitar la saturación mental.

6. La relevancia de la información puede cambiar con el tiempo, así que es importante reevaluar regu-

larmente tus fuentes y ajustar tu enfoque según las necesidades. Mantente flexible y dispuesto a adaptarte a medida que evolucionan tus metas y prioridades.

7. Programá momentos de desconexión digital, donde te alejes de dispositivos electrónicos y redes sociales. Esto no solo reduce la sobrecarga de información, sino que también proporciona tiempo para la reflexión, la relajación y la recarga mental.

8. Incorporá prácticas de mindfulness y atención plena en tu rutina diaria. Estas técnicas pueden ayudarte a ser consciente del momento presente, reduciendo la ansiedad y el estrés asociados con la saturación de información.

9. Utilizá herramientas de organización, como listas de tareas, calendarios y aplicaciones de gestión de proyectos para estructurar tu día y enfocarte en las tareas más importantes. Esto te permitirá evitar la sensación de saturación causada por la información dispersa y no estructurada.

10. Aprendé a separar tus emociones de la información que consumís. No todas las noticias o actualizaciones en redes sociales requieren una respuesta emocional inmediata. Mantené la perspectiva y evitá caer en la trampa de la sobreimplicación emocional en cada acontecimiento.

Me gustaría compartirte ejemplos prácticos y estrategias que puedan ayudarte:

- Creá un Plan de Consumo de Información, dedicá un tiempo específico cada día para consumir información. Por ejemplo, podés reservar 30 minutos por la mañana para leer las noticias y otros 30 minutos por la tarde para revisar correos electrónicos y redes sociales. Fuera de esos tiempos, intentá evitar el consumo de información.

- Practicá la Dieta Informativa, es igual que una dieta alimenticia, implica restringir el consumo de información durante un período determinado. Esto puede ayudarte a reducir la sobrecarga y restablecer tu enfoque.

Si comenzás a desapegarte del exceso de información, vas a sentir tu mente libre de cargas innecesarias, permitiendo un enfoque más claro y eficiente en tus responsabilidades y metas. ***Recordá que este proceso no implica rechazar la información, sino más bien adoptar una actitud consciente y selectiva hacia ella para mejorar tu calidad de vida y productividad***.

Capítulo 12

Desapego emocional desde la neurociencia

El desapego emocional es un proceso en el que liberamos nuestro aferramiento a personas, objetos, situaciones o emociones negativas. Este proceso puede ser desafiante, especialmente cuando hay emociones fuertes, como la tristeza, el dolor o la ira asociadas con nuestros apegos.

Sin embargo, a medida que avanzamos en el proceso de desapego, comenzamos a experimentar una sensación de paz interior, claridad y libertad emocional. Dejamos de aferrarnos a aquello que nos hace daño y nos permitimos sentir el dolor en lugar de tratar de huir de él.

El desapego emocional no significa que no nos importen aquellas cosas o personas a las que nos aferramos, sino que aprendemos a vivir en un estado de amor incondicional, sin esperar nada a cambio.

Este proceso también nos ayuda a tener una mejor comprensión de nosotros mismos y de cómo nos afectan las emociones. Aprendemos a ser más conscientes de nuestras emociones y a no ser esclavos de ellas. Ya que nuestro cerebro y nuestras emociones están estrechamente relacionados. Cuando tenemos una experiencia positiva o negativa con algo, como un objeto o una cosa, nuestro cerebro puede recordar esa experiencia y asociarla rápidamente. Esto puede hacernos sentir emociones fuertes y motivarnos a retenerlo.

Además, si algo nos hace sentir bien o nos da una recompensa, nuestro cerebro puede querer repetir esa experiencia y motivarnos a aferrarnos a ese objeto o cosa.

Por último, también puede haber factores personales o culturales que hacen que una cosa u objeto sean significativos para nosotros, lo que puede aumentar aún más nuestro apego emocional a ellos.

Ahora hablemos de la personificación de los objetos:

La personificación de objetos ocurre cuando una persona asigna características humanas a una cosa inanimada, como si fuera un ser vivo o consciente. Esto puede ocurrir por diferentes motivos, como por ejemplo, la necesidad de humanizar algo para comprenderlo mejor, o para darle un significado personal o emocional.

En algunos casos, la personificación de objetos puede ser una forma de expresar un vínculo emocional fuerte con ellos. Por ejemplo, alguien puede sentir una gran afinidad con su coche o con sus zapatos, y hablar de ellos como si tuvieran personalidad y sentimientos propios, ¡decirles incluso cuánto los aman!

La personificación de objetos es un fenómeno interesante y complejo que puede ser influenciado por diferentes factores, incluyendo la cognición, las emociones y la cultura.

Cognición: es la manera en que vemos los objetos.

La forma en que percibimos y entendemos la información puede afectar si vemos a las cosas como si tuvieran vida o no. En otras palabras, cómo vemos y procesamos la información puede afectar cómo percibimos las cosas y si las vemos como objetos o no les damos un sentido.

Las emociones: también juegan un papel importante en la personificación de objetos. Por ejemplo, una persona puede personificar un objeto si tiene una fuerte conexión emocional con él, como un elemento que le recuerde a un ser querido o un evento significativo.

Además, la investigación y la neurociencia han demostrado que la personificación de objetos puede tener un impacto en las emociones y las motivaciones. Por ejemplo, si personificamos un objeto y lo percibimos como amigable u hostil, puede afectar nuestras emociones hacia él y cómo nos comportamos con él.

Les dejo algunas estrategias que pueden ayudar a evitar la personificación de objetos:

Conciencia: una de las mejores formas de evitar la personificación de objetos es ser consciente de que está sucediendo. Si sos consciente de que estás personificando un objeto, podés detenerte y cuestionarte tus pensamientos. Por ejemplo, dejar de decir "amo" esta cartera.

Análisis crítico: practicá analizar tus pensamientos y sentimientos con respecto a las cosas. Preguntate por qué estás personificando un objeto y si esa percepción es realista.

Entonces para cerrar este capítulo más informativo te cuento que, según la neurociencia, es importante que sepas que somos seres que formamos recuerdos y somos naturalmente sentimentales. Nuestro cerebro tiene la capacidad de almacenar y evocar memorias asociadas a personas, lugares y experiencias. Sin embargo, las cosas son solo cosas. Los objetos pueden servir como disparadores de recuerdos, pero el verdadero valor emocional no reside en el objeto en sí, sino en la memoria que hemos creado y almacenado en nuestro cerebro.

Capítulo 13

Freddy Rodríguez
neuroeducador

Desde Colombia nos da su visión

con el apego de los objetos...

Max gritaba, lloraba y pataleaba ante la mirada atónita de muchas personas y la terrible vergüenza de sus padres; aquel comportamiento de este niño de cinco años, inusual para muchos, indiferente para otros, común para aquellos que tenían hijos, sobrinos, primos o algún infante cercano a sus vidas, suscitaba en las mentes de estas personas el ¿por qué este pequeño hace tanta rabieta cuando se le pide que comparta su juguete con otro niño?

Que un niño de cinco años haga esta rabieta por un juguete tan valioso para él es un comportamiento totalmente normal dentro de la psicología de la construcción de la inteligencia y las relaciones sociales de los infantes, del autoconocimiento y autodescubrimiento desde la infancia, desde las diferentes teorías acerca de las etapas del desarrollo del crecimiento del niño, pero encontrar este comportamiento en hombres y mujeres adultos, ya con estructuras cerebrales formadas, con vidas profesionales, laborales e interpersonales definidas, con familias, parejas, hijos es algo que debe inquietar nuestra curiosidad para poder reconocer la manera en que este comportamiento **"inofensivo"** fue tomando un lugar importante en el corazón de estas personas hasta el punto de haber desechado relaciones personales y afectivas muy importantes, contratos laborales y profesionales estupendos, y en muchos casos, llegando a vivir de manera ermitaña, distante y amargada, solamente porque alguien le pidió que prestara, compartiera o que simplemente dejara ir algunos de sus juguetes más valiosos (joyas, relojes, vestidos, libros, objetos de antaño familiar, etc.).

Detrás de todo apego y sensación de plenitud emocional hacia lo material hay un profundo desapego y sensación de vacío emocional hacia nosotros mismos.

El darles un valor tan profundo a las cosas no es algo que es innato en el ser humano, por el contrario, es vislumbre y modelo de aprendizaje proveniente de los entornos de su crecimiento, como lo es desde la casa, marcos sociales, la cultura del consumidor, y podría decir desde estos movimientos filosóficos (por llamarlo de alguna manera) que han invitado al ser humano a sentirse plenos en sus vidas, cuando están llenos de cosas materiales, las cuales le dan un sentido a su existencia. En pocas palabras el "tener me hace ser" y es desde este pensamiento absurdo pero real hoy en día que el apego hacia las cosas materiales va tomando fuerza y relevancia en las vidas de las personas, pues es claramente visible para este tipo de creencias que si no tengo, no soy, y por eso cuando me piden que suelte algún tipo de objeto, que literalmente son recuerdos emocionales, (unos tenis, una camiseta que me regaló mi papá, el álbum de fotografías viejo y sucio de la familia, etc.) activamos nuestro cerebro de supervivencia y luchamos a muerte para no soltar de ninguna manera estos objetos que me hacen ser y sentir vivo en este mundo.

¿Y qué tiene que ver el cerebro con nuestro apego a lo material?

Nuestro cerebro es un órgano extremadamente maravilloso, él es capaz de gobernar solo todo nuestro cuerpo, pero obviamente somos nosotros quienes programamos de manera inconsciente cómo lo va a hacer. Entonces podemos estar diciendo que nuestro cerebro actúa gracias a los patrones de comportamiento que nosotros mismos le hemos enseñado.

Uno de los factores más relevantes por los cuales al ser humano le es casi imposible desapegarse de las cosas materiales es la ansiedad, la preocupación.

Para la neurociencia nuestros ancestros reunían gran cantidad de datos para poder definir si este nuevo espacio era un sitio seguro para ellos y sus familias.

No olvidemos que los cerebros prehistóricos, es decir, los de nuestros antepasados se centraban en dos aspectos fundamentales: encontrar alimento y no convertirse uno en alimento al abandonar los lugares conocidos. Sus cerebros entraban en un estado elevado de alerta (superestrés), pues no sabían si para dónde iban las condiciones de este lugar serían las más favorables y seguras.

De las cosas que menos le gusta a nuestro cerebro es la incertidumbre ya que estamos acostumbrados a "predecir" nuestros futuros, por ende, al momento de tomar decisiones como lo es despojarnos de cosas materiales que ya no necesitamos, nuestros cerebros inician un diálogo interno de preguntas: ¿qué pasará si dejo esto? ¿y si lo regalo y me olvido de mi abuela por eso? ¿Por qué deshacerme de esto si es parte de la historia de mi familia ya que perteneció a mi tatarabuelo?

La ansiedad es esa sensación de preocupación, de nerviosismo e inquietud suscitada por un acontecimiento tal vez inminente, o una decisión que debo tomar; esta incertidumbre nos produce un alto grado de nerviosismo, o lo que hemos denominado ansiedad-preocupación, y es allí donde el cerebro cumple su primera función vital, que es protegernos del dolor y lo hace, trayendo a nuestras mentes recuerdos de por qué es que tenemos este objeto inamovible en nuestras vidas, le hemos creado, no solamente un altar en nuestras casas, sino también en nuestros corazones.

La adoración que hacemos a estos objetos materiales está sellada en nuestras mentes y en nuestros cuerpos por lo que conocemos como emociones.

Literalmente tenemos miedo de perder el objeto de adoración, de apego, el cual nos ha generado gran sensación (emociones) de seguridad, valoración, pertenencia, pero sobre todo profunda sensación de ser suficientes, hemos entregado el control de nuestra vida emocional a estos objetos de apego.

Nuestro cerebro aprende por la repetición constante de acciones, palabras, visualizaciones o cualquier otro tipo de experiencias, puesto que repetirlas una y otra vez es condicionar neuroquímicamente (emociones) nuestra mente y nuestro cuerpo, y estas repeticiones se convierten en nuestras creencias, sesgos de vida.

Miremos esta afirmación con un sencillo ejemplo: Antonio ha anhelado un automóvil por muchos años, desde niño ha venido aprendiendo que tener un vehículo, y ojalá de alta gama, generará un estatus social, reconocimiento y valía personal dentro de la sociedad. Al tener Antonio tan arraigada esta creencia y este pensamiento en su cerebro, él desde antes de tener el auto ya ha definido neuroquímicamente (emocionalmente) lo que le hará sentir el auto cuando lo esté manejando, él ya se imagina, percibe y siente las miradas y el orgullo que otras personas ven en él cuando va conduciendo su coche, pero también Antonio ya ha programado y ha sentido en su cuerpo a partir de estos neuroquímicos (emociones) y transmisores del cerebro lo que pasaría si NO logra adquirir el tan anhelado vehículo que le transformará su vida.

Han pasado veinte años desde que Antonio adquirió su tan anhelado coche, por supuesto, las condiciones del vehículo en este momento son deplorables, es un auto con la pintura oxidada. Cuando a la distancia viene Antonio, todo el mundo sabe que es su coche porque le suena hasta el último tornillo. Sin embargo, cuando se le dice que es tiempo de cambiar su vehículo por uno más moderno, Antonio mira a las personas con ira y con molestia, para él nadie entiende por qué ama tan profundamente este automóvil y es verdad puesto que Antonio le dio todo el poder emocional a ese objeto de apego.

En pocas palabras para Antonio, este automóvil, fue el objeto que lo llevó a sentirse realizado como ser humano, le dio un lugar en la sociedad, y por nada del mundo lo desechará, puesto que aún hoy veinte años después el automóvil tiene el mismo poder emocional, mental, energético y físico en la vida de Antonio como lo fue hace tanto tiempo atrás.

Cuando le damos absoluto control emocional a los objetos materiales, entonces estamos cediendo nuestra capacidad de ser guías de nuestro destino emocional y, por supuesto, nuestro destino relacional, dejaríamos en manos de nuestro apego material las relaciones con nuestras parejas, con nuestros hijos, con nuestros cónyuges, con nuestros compañeros de trabajo, con la sociedad, puesto que aquel que se llegue a meter con este objeto de adoración no tendría cabida en nuestras vidas.

Podemos entonces concluir en esta primera parte que el apego a las cosas materiales no solamente genera ansiedad, preocupación, angustia al pensar ¿qué sería de mi vida sin ti?, sino que también afecta significativamente el sano, simple, eficaz y feliz desarrollo de cualquier tipo de relación social que la persona tenga en su vida.

Si vivimos 24 horas al día 7 días en la semana apegados a cualquier objeto material, a lo que nosotros hemos determinado como algo inamovible en nuestras vidas, entonces estamos teniendo algo que yo llamo “el pasado presente”.

Nuestro cerebro tiene la mágica y poderosa capacidad de tomar fotos de nuestro pasado y posteriormente a cada una de estas fotos asignarle una o varias emociones para que cuando nosotros en el presente recordemos esta imagen, sintamos plenamente aquello que sucedió en ese momento.

Esto es lo que conocemos como las improntas emocionales del cerebro, por eso podemos decir que nuestro pasado, nuestros recuerdos de él no son recuerdos son emociones, y si todo el tiempo estás viviendo bajo esas emociones (recuerdos), son ellas las que determinan entonces cómo está y será tu estado emocional en el presente.

Podemos entonces aplicar este mismo principio de neurociencia al apego a lo material, es decir, si nosotros colocamos toda nuestra energía, enfoque emocional a un objeto, le estamos dando poder a él de que gobierne todas y cada una de las áreas de nuestras vidas puesto que el objeto ya no sería algo de nosotros, ahora seríamos nosotros algo del objeto. ¿Qué dicen entonces la neurociencia, neuroeducación y la inteligencia emocional y otras ramas de la salud mental que podemos hacer para romper de una vez por todas con estos ciclos de apego a lo material?

1. Desechá de tu vida la creencia absurda de que tu mundo exterior es más real que tu mundo interior.

Esta idea irracional nos ha llevado a volvernos más materialistas, pues toda nuestra atención, todo nuestro enfoque y nuestra energía está puesta fuera de nosotros en lo material y no dentro de nosotros en lo espiritual-trascendental.

Vivir enfocados en este mundo exterior nos hace sentir insuficientes, poco valorados y por eso terminamos siendo personas que envidiamos, juzgamos, criticamos, desarrollamos una mentalidad de tanta escasez interior que es por ello que buscamos llenar nuestros vacíos internos con cosas vacías y externas, que con el tiempo van mostrando que su deterioro, su finitud, su vida limitada y esta entrega absurda de dependencia material nos hace olvidar la infinitud que hay dentro de nuestro corazón, la trascendencia que tenemos como personas, lo maravillosos, únicos y extraordinarios que somos.

2. Olvidate de quién sos y empezá a enamorarte de la persona en que te querés convertir.

De las cosas más maravillosas que nos ha permitido aprender la neurociencia y los avances del estudio del cerebro es que los seres humanos tenemos un promedio de 60000 a 70000 pensamientos iguales al día anterior, ya te podrás imaginar que si la mayoría de los pensamientos de nuestros días son negativos con emociones negativas el resultado no puede ser diferente, y aun así nos atrevemos a preguntar ¿por qué nuestras vidas siguen igual?

Recordá que los pensamientos no se activan en el cuerpo, a menos que le coloquemos una emoción (energía) ya sea positiva o negativa, esa emoción va a suscitar una sensación de energía más elevada (sentimientos) en tu cuerpo, esas sensaciones van a llevar a tomar decisiones (acciones) sobre el pensamiento y esa toma de decisiones se van a convertir en experiencias (interpretación pasado-presente) y estas experiencias producen más sensaciones-emociones (positivas o negativas según hayan sido las primeras) y estas vuelven a conectar con el pensamiento inicial y de allí se sostiene el bucle del pensamiento humano.

¿En qué ocupás tu mente a diario? ¿Sabés en qué te querés convertir? ¿Has entregado el control emocional de tu vida a objetos materiales, personas o lugares?

Mismas maneras de pensar, actuar y sentir son las cosas que determinarán quién sos realmente, pues esto es lo que a diario siente el cuerpo como si fuera condición natural.

Por ello necesitamos dejar atrás esa persona carente, escasa, pobre y sobre todo dependiente de lo material y empezar a visualizar y, por supuesto, a sentir, aquel ser trascendente, coherente en nuestro cerebro, alma y cuerpo.

Viví tu día a día con emociones altísimas (amor, gratitud, paciencia, alegría, felicidad, tranquilidad, abundancia) que tu mente tenga esta intención claramente definida como lo es convertirnos en la persona que siempre soñaste ser.

Jamás podrás tener una nueva vida si seguís permitiendo que tus hábitos de apego gobiernen tus pensamientos.

Capítulo 14

El desapego de las creencias limitantes con el dinero

Este es un proceso que requiere conciencia, autoconocimiento y trabajo continuo. Acá te dejo algunos pasos que pueden ayudarte en este proceso:

Identificar tus creencias limitantes: tomate un momento para reflexionar sobre tus pensamientos y actitudes hacia el dinero y la riqueza. ¿Qué creés sobre la gente rica? ¿Creés que el dinero es malo? ¿Pensás que la gente rica es infeliz?

¿Cómo las identifico? Bueno, puede ser un proceso reflexivo y desafiante, pero también puede ser muy liberador. Van algunos consejos para ayudarte a identificarlas:

Observá tus pensamientos y emociones a lo largo del día: ¿qué te hace sentir incomodidad o inseguridad? ¿Qué te hace sentir con ansiedad o negatividad?

Analizá tus acciones: ¿hay algún área de tu vida en la que evitás tomar acción o te sentís atrapado/a? Por ejemplo, ¿evitás ahorrar dinero o hacer inversiones?

Reflejá sobre tus experiencias pasadas: ¿hay algún evento en tu vida que haya tenido un impacto negativo en la forma en que ves el dinero y la riqueza?

Escuchá a los demás: prestá atención a lo que dicen los demás sobre el dinero y la riqueza. ¿Estás rodeado de personas que tienen creencias limitantes similares a las tuyas?

Hacé una lista de tus pensamientos y creencias sobre el dinero y la riqueza. Revisá esta lista con frecuencia y sé consciente de los pensamientos que surgen a lo largo del día.

Recordá que identificar tus creencias limitantes es solo el primer paso. Después de identificarlas, debés cuestionarlas y reemplazarlas con pensamientos más positivos y constructivos. Con el tiempo y la práctica, esto te ayudará a liberarte de tus limitaciones y atraer más abundancia financiera a tu vida.

Cuestioná tus creencias: una vez que identifiqués tus creencias limitantes, preguntate: ¿qué tan ciertas son? ¿Hay evidencia que respalde esas creencias? ¿Hay personas que demuestren lo contrario a lo que creés?

Cuestionar tus creencias limitantes es un paso importante en el proceso de liberarte de ellas y alcanzar una mayor abundancia financiera. Al cuestionar tus creencias, podés determinar si son verdaderas y están basadas en hechos o si son simplemente pensamientos negativos que te están limitando.

Te dejo algunos ejemplos:

Buscá evidencia que respalde o desmienta lo que sientas para con el dinero. Por ejemplo, si creés que es imposible hacerse rico, buscá ejemplos de personas que lo han logrado.

También podés hablar con expertos que tengan experiencia en la materia y buscar su opinión sobre lo que te pasa con el dinero.

Practicá la autocompasión: reconocé que tus creencias limitantes son solo pensamientos y no reflejan la verdad absoluta y tratá de ser amable con vos mismo mientras te esforzás por liberarte de ellas.

Encontrá alternativas positivas: en lugar de centrarte en lo que te limita, buscá alternativas positivas y constructivas. Por ejemplo: en lugar de pensar que es imposible ganar más dinero, enfocate en tus metas y en la forma en que podés alcanzarlas.

Recordá que preguntarte sobre tus creencias no significa negarlas o reprimirlas, sino evaluarlas con una mentalidad abierta y curiosa. Con el tiempo, esto te va a ayudar a liberarte y a atraer más abundancia financiera a tu vida.

Un consejo que es muy utilizado hoy en día: practicá técnicas de visualización para crear imágenes positivas en tu mente y reforzar tus nuevas creencias sobre el dinero y la abundancia, y de esa forma, podrás entrar en acción y no procrastinar.

Para cerrar este capítulo te digo que, definitivamente, disfrutar de una vida sin creencias limitantes es posible.

De hecho, puede tener un impacto positivo en muchos aspectos de tu vida, incluyendo la salud, las relaciones, la carrera y, por supuesto, la prosperidad financiera. Sé que es un proceso que requiere tiempo, paciencia y esfuerzo.

Capítulo 15

Viajes y desapego

Viajar es una de las experiencias más enriquecedoras que podemos tener en la vida. Nos permite descubrir nuevas culturas, conocer personas diferentes y ver el mundo desde una perspectiva distinta. Pero más allá de ser una aventura, viajar también nos enseña valiosas lecciones sobre el desapego y el valor de llevar solo lo esencial.

Cuando nos preparamos para un viaje, **no nos mudamos**; hacemos una valija. En esta pequeña maleta, intentamos meter todo lo que creemos necesario para nuestra estadía fuera de casa. Y es en este acto de elegir y descartar donde comienza nuestra lección de desapego. Nos damos cuenta de que no podemos llevar todo lo que tenemos, solo lo imprescindible.

¿Qué es lo que realmente necesitamos? Ropa, algunos productos de higiene, quizás un libro o una cámara. Todo lo demás queda atrás.

Este ejercicio de selección y desprendimiento puede ser liberador. Nos obliga a evaluar nuestras verdaderas necesidades y a soltar el exceso que acumulamos sin darnos cuenta. En la vida, al igual que en los viajes, llevamos con nosotros muchas cosas que no necesitamos: recuerdos materiales, rencores, miedos y expectativas que nos pesan y nos impiden avanzar.

Cambiar de lugar, ya sea temporalmente durante un viaje o permanentemente en una mudanza, nos ofrece la oportunidad de redefinir lo que es esencial para nosotros. Nos invita a desprendernos de objetos y hábitos que ya no nos sirven. La movilidad nos enseña a valorar la flexibilidad y la ligereza, tanto física como emocional.

Cuando nos mudamos, tenemos la oportunidad de empezar de nuevo. Cada nuevo lugar es una página en blanco, una oportunidad para redescubrirnos y reinventarnos. En este proceso, aprendemos que no necesitamos llevar con nosotros todos los objetos que hemos acumulado. ¡Podemos dejar atrás lo que ya no usaremos y llevar solo lo que sí!

El desapego en los viajes y las mudanzas nos permite vivir de manera más consciente y plena. Nos ayuda a enfocarnos en las experiencias y las relaciones, en lugar de en las posesiones materiales. Nos enseña que la verdadera riqueza no está en lo que acumulamos, sino en lo que vivimos y compartimos.

Así que, la próxima vez que preparés una valija, tené en cuenta que ¡no te mudás! Y si te mudás a un nuevo lugar, tomate un momento para reflexionar sobre lo que realmente necesitás llevar con vos, dejando atrás lo superfluo y llevando lo esencial. Al hacerlo, te sentirás más ligero/a, más libre y más dispuesto/a para enfrentar las nuevas aventuras que la vida te tiene preparadas.

Epílogo

El desapego emocional de los objetos es un proceso profundo y poderoso.

Muchas veces, estamos tan apegados a nuestras cosas que nos cuesta imaginarnos sin ellas. Sentimos que nos definen y que son parte de nuestra identidad.

Sin embargo, cuando nos tomamos el tiempo de analizar cómo nos sentimos en relación con ellas, nos damos cuenta de que muchas veces nos están generando más estrés y preocupaciones de las que nos gustaría.

El primer paso para liberarnos de este apego emocional es tomar conciencia de él.

Observar nuestras reacciones cuando pensamos en deshacernos de algo, preguntarnos cuál es la razón detrás de nuestra necesidad de poseerlo y analizar si realmente nos está aportando valor en nuestra vida.

En este sentido, el proceso de desapego emocional de los objetos no solo se trata de liberarnos de lo que ya no necesitamos, sino de descubrir quiénes somos sin todas esas posesiones.

Dejar atrás nuestro pasado, enfocarnos en el presente y poder proyectar el futuro.

En este proceso, también es importante recordar que los objetos en sí mismos no tienen la capacidad de amar ni de ser amados. Son solo cosas que tenemos y que hemos decidido conservar en nuestras vidas.

De esta manera, podemos liberarnos del peso emocional que nos impide avanzar y abrir espacio para lo que realmente importa.

Es posible que al principio este proceso nos resulte difícil, especialmente si estamos acostumbrados a guardar todo lo que adquirimos. Pero con la práctica podemos aprender a desprendernos de lo que ya no necesitamos.

Este proceso nos permite avanzar hacia un futuro más simple, con menos estrés y menos cargas emocionales.

Al hacerlo, nos permitimos avanzar hacia lo que realmente importa en nuestras vidas: vivir el hoy, crear momentos, compartir con nuestros seres queridos, viajar, disfrutar de un buen vino...

Ese camino es el que elijo hoy para mí y créanme que es un antes y un después del recorrido...

Porque el desapego, queridos lectores, es **la clave de una vida plena.**

Made in the USA
Monee, IL
11 November 2026

68341113R00059